COMPRENDRE VOTR

esprit et votre corps

La perte de vision

Hannalora Leavitt and Sarah Harvey

Explorez d'autres livres sur:
WWW.ENGAGEBOOKS.COM

VANCOUVER, B.C.

WWW.ENGAGEBOOKS.COM

La perte de vision: Comprendre votre esprit et votre corps
Leavitt, Hannalora -
Harvey, Sarah 1950 –
Texte © 2024 Engage Books
Conception © 2024 Engage Books

Édité par: A.R. Roumanis Ashley Lee,
Melody Sun, and Sarah Harvey
Design by: Mandy Christiansen
Traduire: Amanda Yasvinski
Relectrice: Vicky Frost

Texte en Montserrat Regular.
Titres de chapitre définis dans Hobgoblin.

PREMIÈRE ÉDITION / PREMIER TIRAGE

Ce livre ne se substitue pas aux conseils d'un professionnel de la santé ni ne constitue un outil de diagnostic. C'est un outil pédagogique pour aider les enfants à comprendre ce qu'eux-mêmes ou d'autres personnes vivent.

CATALOGAGE AVANT PUBLICATION DE BIBLIOTHÈQUE ET ARCHIVES CANADA

Titre: La perte de vision / Hannalora Leavitt et Sarah Harvey.
Autres titres: Vision loss. Français
Noms: Leavitt, Hannalora, auteur. | Harvey, Sarah N., 1950- auteur.
Description: Mention de collection: Comprendre votre esprit et votre corps |
          Traduction de :
          Vision loss.

Identifiants: Canadiana (livre imprimé) 20240377958 | Canadiana (livre numérique)
          20240377966 |
ISBN 9781778784149 (couverture rigide)
ISBN 9781778784156 (couverture souple)
ISBN 9781778784170 (pdf)
ISBN 9781778784163 (epub)

Vedettes-matière:
RVM: Troubles de la vision chez l'enfant—Ouvrages pour la jeunesse.
RVM: Troubles de la vision—Ouvrages pour la jeunesse.
RVM: Troubles de la vision—Traitement—Ouvrages pour la jeunesse.
RVMGF: Livres documentaires pour la jeunesse.

Classification: LCC RE48.2.C5 L4314 2024 | CDD J618.92/0977—DC23

Ce projet a été rendu possible en partie grâce au gouvernement du Canada.

Canada

Contenu

Qu'est-ce que la perte de vision ?

La perte de vision affecte le sens de la vue d'une personne. Cela peut être dans un œil ou dans les deux yeux. Certaines personnes ne perdent qu'une petite partie de leur vision. Les autres perdent beaucoup. La plupart des personnes **légalement aveugles** peuvent voir un peu.

MOT-CLÉ

Légalement aveugle: personne dont la vision est au moins dix fois moins bonne qu'une personne ayant une vision normale.

Seulement 15 pour cent des personnes ayant une perte de vision ne peuvent rien voir.

La perte de vision peut survenir rapidement. Une vision floue soudaine, des douleurs ou des éclairs de lumière peuvent signifier de graves problèmes de vision. La perte de vision peut également survenir sur une longue période. De nombreuses personnes contractent des maladies oculaires en vieillissant.

Qu'est-ce qui cause la perte de vision ?

Certaines personnes naissent aveugles. D'autres ont des problèmes de vision plus tard dans la vie. Les problèmes de vision sont souvent héréditaires. Ils peuvent également être causés par des **blessures**.

MOT-CLÉ

Blessures : blessures ou dommages corporels.

Les troubles ou les maladies de l'œil peuvent souvent modifier la façon dont les gens voient. L'une des causes les plus fréquentes de cécité est la cataracte. Une cataracte se produit lorsqu'une partie de l'œil est trouble. Cela arrive souvent lorsque les gens vieillissent.

Plus de la moitié des personnes de plus de 80 ans ont des cataractes ou ont subi une intervention chirurgicale pour réparer leurs cataractes.

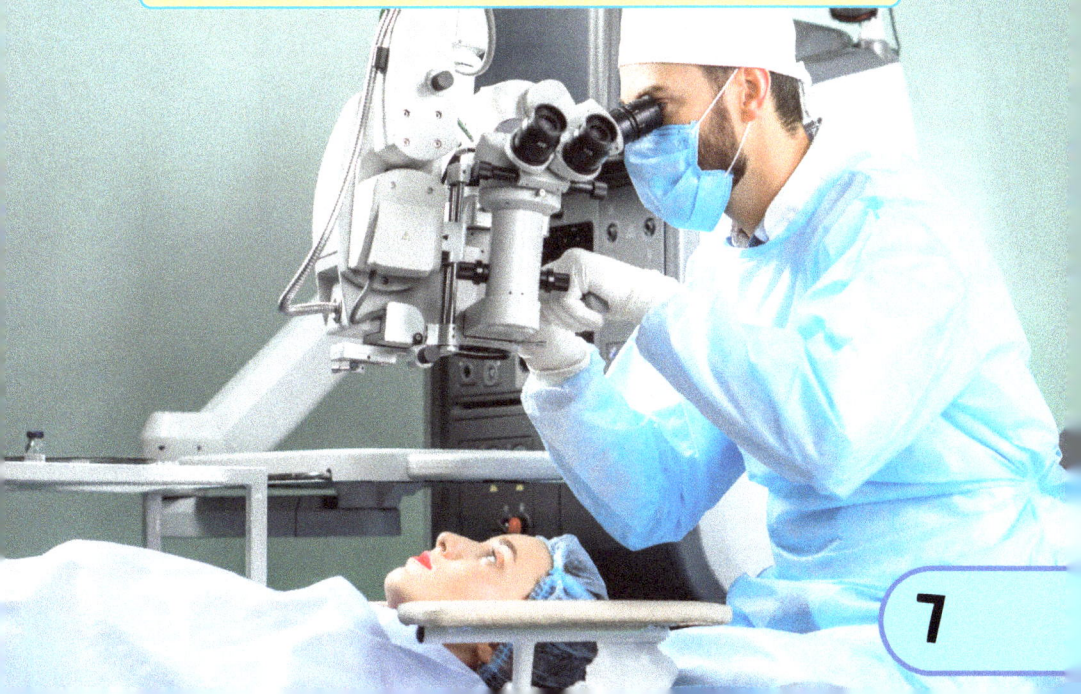

Comment la perte de vision affecte-t-elle votre cerveau ?

Le **cortex occipital** est la partie du cerveau qui aide les gens à comprendre ce qu'ils voient. Cela peut changer chez les personnes qui deviennent aveugles à un jeune âge. Il change pour aider les gens à mieux comprendre le son ou ce qu'ils touchent à la place.

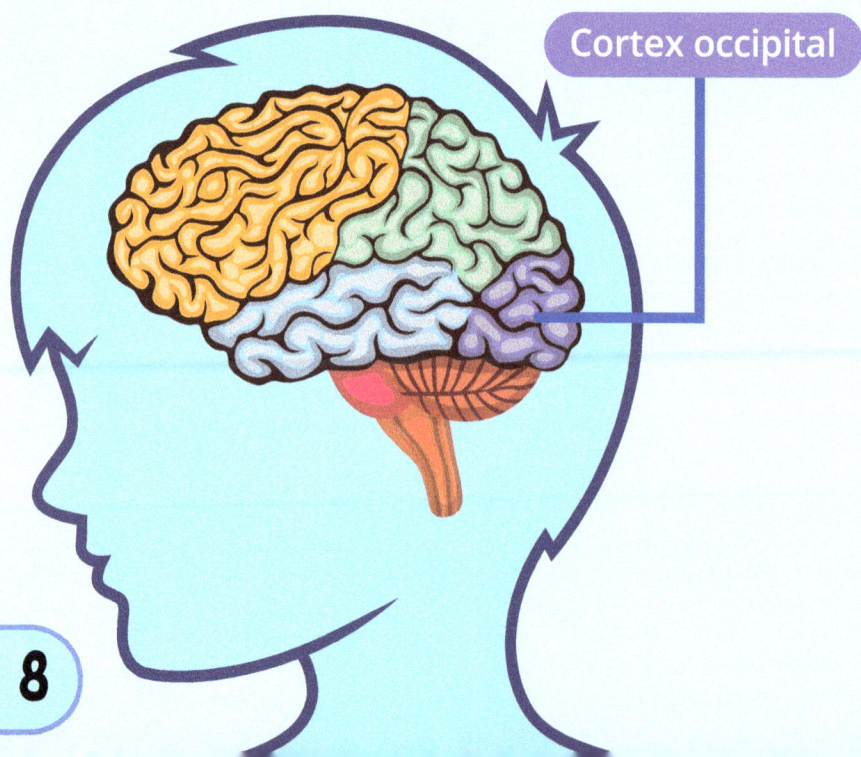

Cortex occipital

Une vision floue peut causer le cerveau à travailler plus fort pour comprendre ce que quelqu'un voit. Cela peut entraîner des problèmes de mémoire ou trouver les bons mots à dire. Ceci est plus fréquent chez les personnes âgées.

Comment la perte de vision affecte-t-elle votre corps ?

Certaines personnes ayant une perte de vision ne font pas assez d'exercice. Il est difficile pour quelqu'un de courir ou de faire du sport s'il ne voit pas correctement. Ne pas faire suffisamment d'exercice peut causer des problèmes cardiaques ou **l'obésité**.

MOT-CLÉ

Obésité : peser plus que ce qui est sain pour l'âge et la taille d'une personne.

De nombreuses personnes âgées qui ont une perte de vision marchent dans des objets qu'elles ne peuvent pas voir. Parfois, elles ne peuvent pas voir à quelle distance se trouve une marche. Cela les fait tomber et se blesser. Ces blessures peuvent être graves et doivent être examinées immédiatement par un médecin.

Les personnes âgées avec une perte de vision sont deux fois plus susceptibles de tomber que celles sans perte de vision.

Qu'est-ce que ça fait d'avoir une perte de vision ?

Les personnes ayant une perte de vision peuvent mener une vie pleine et active. Elles peuvent avoir besoin d'acquérir de nouvelles compétences pour les aider à faire des activités qu'ils aiment. Certaines personnes ayant une perte de vision apprennent à marcher à l'aide d'une canne ou d'un **chien-guide**.

MOT-CLÉ

Chien-guide : un chien dressé pour guider les personnes ayant une perte de vision afin qu'elles puissent marcher en toute sécurité.

De nombreuses personnes ayant une perte de vision apprennent à lire le **braille**. Elles peuvent également apprendre à utiliser un téléphone portable à l'aide de commandes vocales. La personne dit ce qu'elle veut que le téléphone fasse et le téléphone l'entendra.

MOT-CLÉ

Braille : une façon d'écrire des choses à l'aide de points en relief que les gens lisent du bout des doigts.

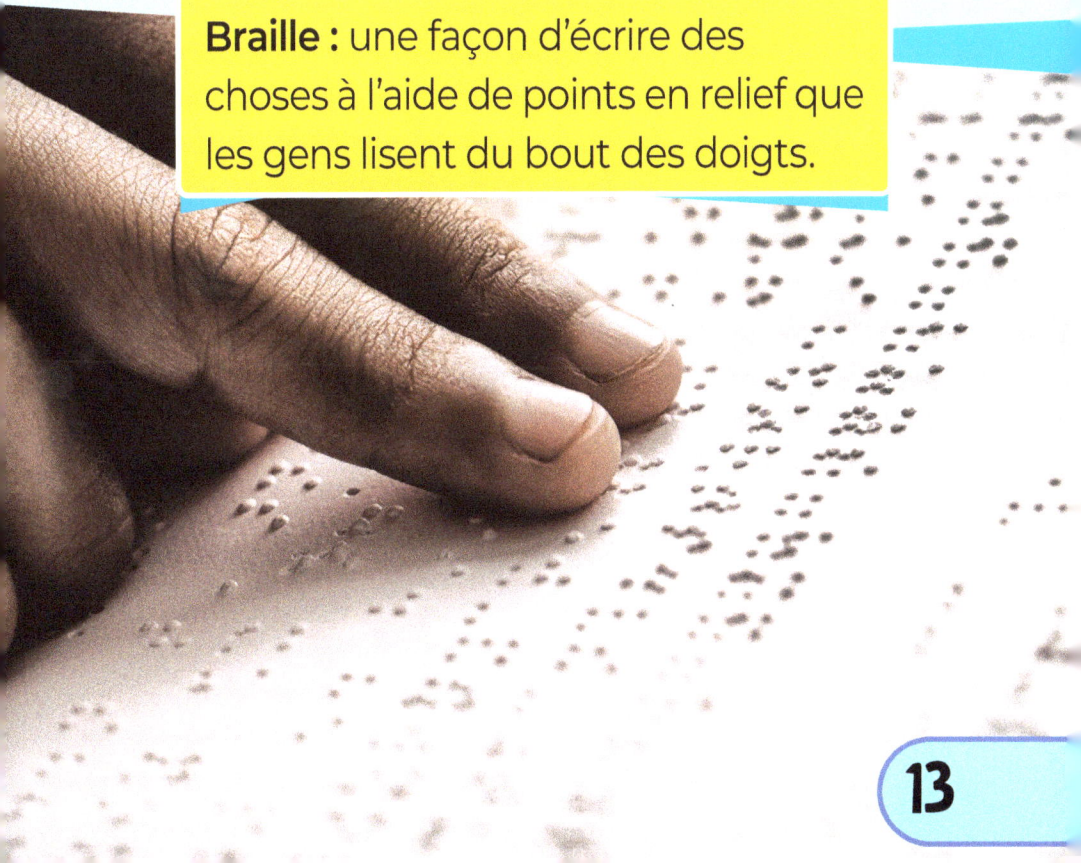

La perte de vision dure-t-elle pour toujours ?

Environ 80 pour cent des pertes de vision peuvent être **évitées** ou aidées. Les troubles de la rétine sont la cause la plus fréquente de perte de vision qui dure pour toujours. La rétine est une partie de l'œil qui envoie des messages au cerveau sur la lumière qu'il perçoit.

MOT-CLÉ

Évitées: empêché ou arrêté quelque chose de se produire.

La plupart des personnes ayant une perte de vision peuvent être aidées. Les personnes qui ont perdu une grande partie de leur vision peuvent avoir besoin de prendre des médicaments ou de subir une intervention chirurgicale. Les personnes qui n'ont perdu qu'une petite partie de leur vision peuvent être aidées par le port de lunettes ou de **lentilles de contact**.

MOT-CLÉ

Lentilles de contact : un mince morceau de plastique qui recouvre l'œil pour aider à améliorer la vision d'une personne.

Plus de 140 millions de personnes dans le monde portent des lentilles de contact.

Demander de l'aide

Demander de l'aide peut être difficile. Vous voudrez peut-être tout faire vous-même. Demander de l'aide quand vous en avez besoin montre que vous vous valorisez et que vous faites confiance aux autres.

« J'ai du mal à lire mon travail scolaire. Je n'ai jamais eu ce problème auparavant. Que dois-je faire? »

« Je ne peux pas voir aussi loin que les autres enfants de ma classe. Pouvez-vous m'emmener voir un ophtalmologiste ? »

« Pouvez-vous m'aider à agrandir les mots sur cet écran pour que je puisse lire par moi-même ? »

Comment aider les autres avec une perte de vision

Si vous connaissez quelqu'un qui a une perte de vision, n'oubliez pas d'être patient. Beaucoup d'entre eux doivent apprendre à faire les choses différemment. Voici quelques façons de les aider.

Demander avant d'offrir de l'aide

Les personnes ayant une perte de vision n'ont souvent pas besoin de l'aide d'autres personnes pour faire des tâches simples. Beaucoup de gens aiment faire les choses par eux-mêmes s'ils le peuvent. Demandez toujours si quelqu'un a besoin d'aide avant de l'aider.

Être un bon auditeur

Si vous connaissez quelqu'un qui a une perte de vision, soyez un bon auditeur. Ne parlez pas quand ils parlent. Il est important pour eux de se sentir entendus et de savoir que vous les soutenez.

Ne pas caresser les chiens-guides

Si quelqu'un se promène avec un chien-guide, ne le caressez pas. Le chien travaille. Le caresser peut lui faire perdre sa concentration. Cela peut causer des problèmes à la personne qu'il guide.

En 2021, plus de 22 000 chiens-guides travaillaient dans le monde entier.

L'histoire de la perte de vision

Valentin Haüy a ouvert la première école pour aveugles à Paris entre 1784 et 1786. Elle s'appelait l'Institut national pour les jeunes aveugles. Elle ne comptait que douze élèves à son ouverture.

Louis Braille a perdu la vue à l'âge de trois ans. Il a inventé le braille en 1824 alors qu'il avait 15 ans. Il a même compris comment écrire de la musique en braille.

La découverte de **vaccins** et de nouveaux médicaments au début des années 1900 a aidé les médecins à guérir de nombreuses causes de perte de vision. Les chirurgies se sont également améliorées. Les scientifiques ont également mis au point de nouveaux outils pour aider les médecins à en savoir plus sur les problèmes oculaires et visuels.

MOT-CLÉ

Vaccins : une sorte de médicament qui empêche les gens de tomber malades.

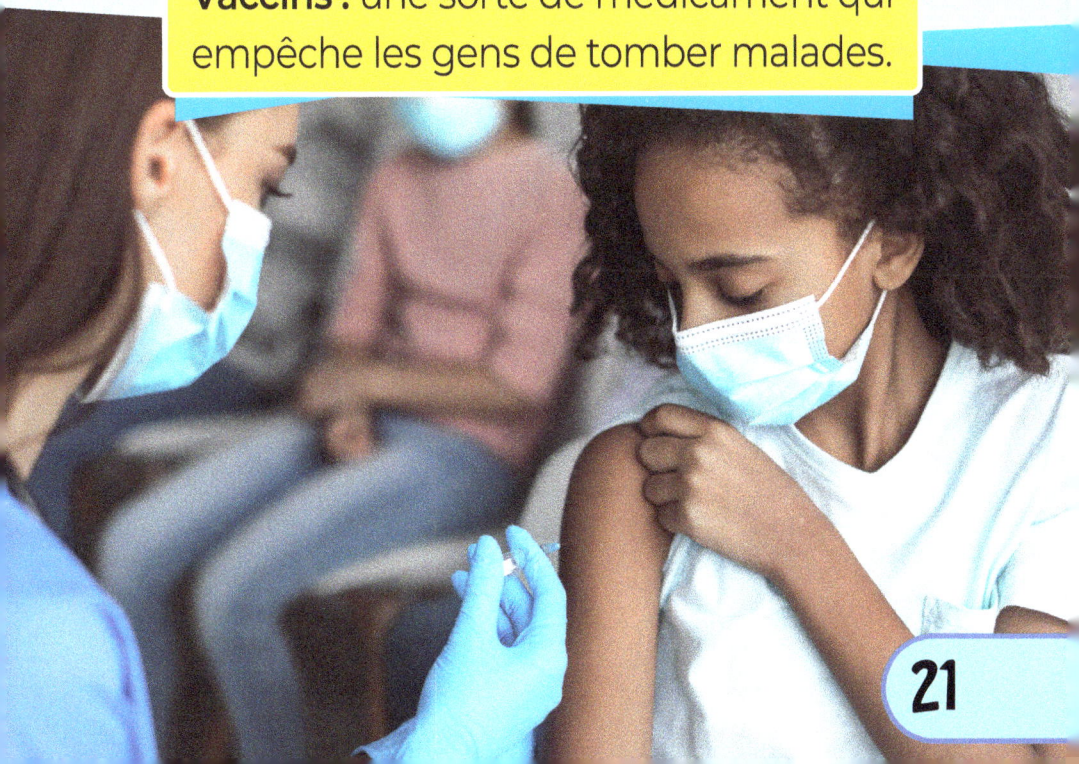

L'histoire de la perte de vision

Les personnes ayant une perte de vision sont capables de faire à peu près tout ce que les personnes voyantes peuvent faire. Voici quelques personnes ayant une perte de vision qui ont fait de grandes choses.

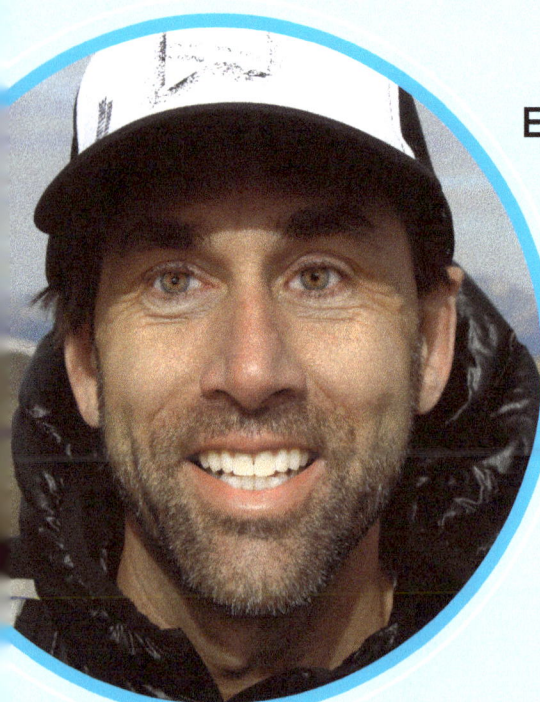

Erik Weihenmayer a été le premier aveugle à atteindre le sommet du mont Everest. En 2008, il avait gravi les sept sommets. Ce sont les points les plus élevés de chaque continent.

Dame Judi Dench est une célèbre actrice britannique. En 2012, elle a déclaré qu'elle avait une perte de vision des deux yeux. Elle continue à jouer dans des films. Elle ne sait plus lire. Sa famille et ses amis lui ont lu ses lignes.

Stevie Wonder est aveugle depuis peu de temps après sa naissance. L'auteur-compositeur-interprète a remporté 25 Grammy Awards et un Academy Award. Il a fait beaucoup de travail pour s'assurer que les personnes ayant une perte de vision puissent mener une vie normale.

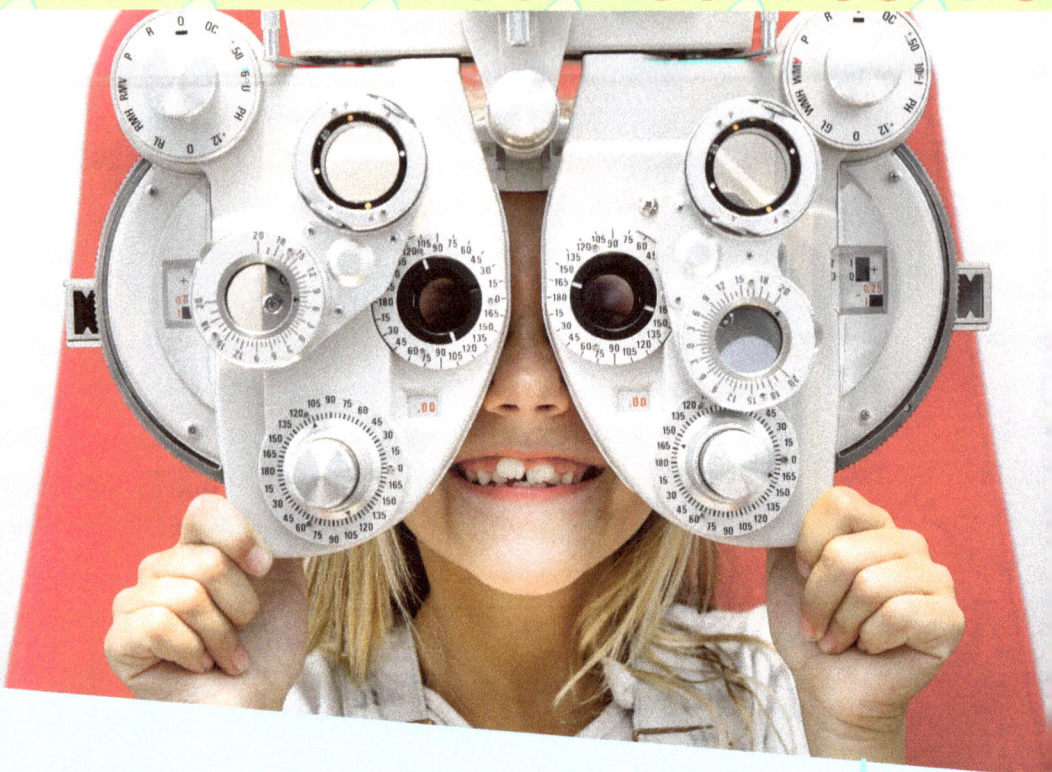

Astuce 1 pour soins de la vue : Avoir des examens de la vue réguliers

Un examen de la vue montre si vos yeux sont sains et si votre vision est normale. Cela prend moins d'une heure. Cela peut parfois être inconfortable, mais ce n'est pas douloureux.

On peut vous demander de lire des lettres sur un tableau de loin. Parfois, des appareils photo spéciaux prennent des photos de l'intérieur de votre œil. Ces outils aident les ophtalmologistes à **diagnostiquer** et à soigner les affections oculaires.

MOT-CLÉ

Diagnostiquer : savoir si quelqu'un a un problème de santé

Les enfants devraient subir leur premier examen de la vue à l'âge de trois ans.

Astuce 2 pour soins de la vue : Regarder loin de l'écran

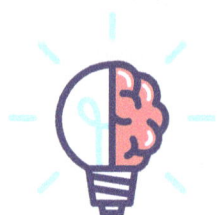

De nombreux enfants et adolescents passent beaucoup de temps à regarder des écrans. Cela peut conduire à devenir myope. Cela signifie que vous ne pouvez pas voir les choses à moins qu'elles ne soient très proches.

Pour éviter que cela ne se produise, détournez le regard de l'écran toutes les 20 minutes. Concentrez-vous ensuite sur un objet à 20 pieds de vous pendant 20 secondes.

Astuce 3 pour soins de la vue : Manger des aliments sains pour la vue

Les vitamines et les minéraux sont des **nutriments** importants dont votre corps a besoin pour rester en bonne santé. Les différents aliments contiennent des vitamines et des minéraux différents. Certains aliments contiennent des vitamines et des minéraux qui aident à garder votre vision en bonne santé. Assurez-vous d'en manger beaucoup.

MOT-CLÉ

Nutriments : quelque chose dans les aliments qui aide les gens, les animaux et les plantes à vivre et à grandir.

Aliments sains pour la vision

- Carottes
- Fraises
- Chou frisé
- Amandes
- Graines de tournesol
- Saumon
- Haricots
- Œufs
- Oranges
- Poivrons
- Tomates
- Thon
- Épinard
- Petits pois
- Pêches
- Pamplemousses

Quiz

Testez vos connaissances sur la perte de vision en répondant aux questions suivantes. Les questions sont basées sur ce que vous avez lu dans ce livre. Les réponses se trouvent au bas de la page suivante.

1 La perte de vision affecte-t-elle toujours les deux yeux ?

2 Comment les gens lisent-ils le braille ?

3 Quel pourcentage de perte de vision peut être évité ou aidé ?

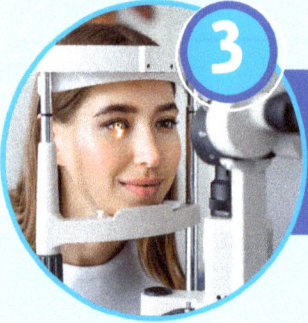

4 Où était la première école pour aveugles ?

5 Erik Weihenmayer a été le premier aveugle à atteindre le sommet de quelle montagne ?

6 Combien de temps dure un examen de la vue ?

Découvrez d'autres lecteurs de niveau 3.

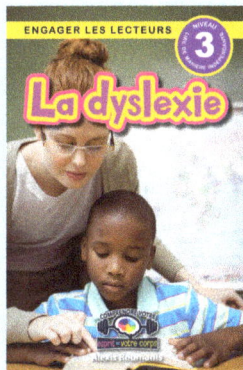

ENGAGER LES LECTEURS — NIVEAU 3
L'anxiété

ENGAGER LES LECTEURS — NIVEAU 3
L'asthme

ENGAGER LES LECTEURS — NIVEAU 3
L'autisme
AJ Knight

ENGAGER LES LECTEURS — NIVEAU 3
L'image corporelle
Ashley Lee & J Smith

ENGAGER LES LECTEURS — NIVEAU 3
L'obésité
Kit Caudron-Robinson

ENGAGER LES LECTEURS — NIVEAU 3
La dyslexie
Alexis Fitzgerald

ENGAGER LES LECTEURS — NIVEAU 3
La perte de vision
Hannalora Leavitt & Sarah Harvey

ENGAGER LES LECTEURS — NIVEAU 3
Le diabete
Kit Caudron-Robinson

ENGAGER LES LECTEURS — NIVEAU 3
Perte auditive
AJ Knight

Visite www.engagebooks.com/readers

Réponses:
1. Non 2. Du bout de leurs doigts 3. Environ 80 pour cent 4. Paris 5. Mont Everest 6. Moins d'une heure

www.ingramcontent.com/pod-product-compliance
Lightning Source LLC
Chambersburg PA
CBHW051238020426
42331CB00016B/3424